Impressum
Verlag: BABADADA GmbH, Nedderfeld 112 , 22529 Hamburg
Geschäftsführer / Verlagsleitung: Harald Hof
Druck: Books on Demand GmbH, In de Tarpen 42, 22848 Norderstedt

Imprint
Publisher: BABADADA GmbH, Nedderfeld 112 , 22529 Hamburg, Germany
Managing Director / Publishing direction: Harald Hof
Print: Books on Demand GmbH, In de Tarpen 42, 22848 Norderstedt

salle de classe
aula

diviser
dividir

186/2

tableau noir
pizarrón

cour de récréation
patio de escuela

enseignant
maestro

papier
papel

écrire
escribir

stylo
birome

bureau
escritorio

règle
regla

livre
libro

élève
alumno

sac d'école

mochila

trousse

caja de lápices

crayon

lápiz

taille-crayon

sacapuntas

gomme

goma (de borrar)

carnet à dessin

bloc de dibujo

dessin
dibujo

pinceau
pincel

boîte de peinture
caja de pinturas

ciseaux
tijera

colle
pegamento

cahier d'exercices
cuaderno de ejercicios

tâches
tarea

chiffre
número

additionner
sumar

soustraire
restar

multiplier
multiplicar

calculer
calcular

lettre
letra

alphabet
abecedario

mot
palabra

texte

texto

lire

leer

craie

tiza

leçon

lección

livre de classe

cuaderno de clase

examen

examen

certificat

certificado

uniforme scolaire

uniforme escolar

formation

educación

lexique

enciclopedia

université

universidad

microscope

microscopio

carte

mapa

corbeille à papier

tacho (de basura)

hôtel
hotel

auberge
hostel

bureau de change
casa de cambio

valise
valija

voiture
auto

langue
idioma

oui / non
sí / no

d'accord
Está bien

Salut
hola

interprète
traductor

merci
Gracias

Combien coûte...?

¿cuánto cuesta...?

Je ne comprends pas

No entiendo

problème

problema

Bonsoir!

¡Buenas tardes!

Bonjour!

¡Buenos días!

Bonne nuit!

¡Buenas noches!

Au revoir

adiós

direction

dirección

bagages

equipaje

sac

bolso

sac-à-dos

mochila

hôte

invitado

pièce

habitación

sac de couchage

bolsa de dormir

tente

carpa

office de tourisme

información turística

plage

playa

carte de crédit

tarjeta de crédito

petit-déjeuner

desayuno

déjeuner

almuerzo

dîner

cena

billet

pasaje

ascenseur

ascensor

timbre

sello

frontière

frontera

douane

aduana

ambassade

embajada

visa

visa

passeport

pasaporte

transport
transporte

avion
avión

navire
barco

véhicule de pompiers
autobomba

bus
colectivo

camion
camión

bateau à moteur
lancha a motor

bicyclette
bicicleta

voiture
auto

ferry	barque	moto
ferry	bote	moto

voiture de police	voiture de course	voiture de location
patrullero	auto de carreras	auto de alquiler

transport - transporte

autopartage

alquiler de autos

dépanneuse

grúa

benne à ordures

camión de basura

moteur

motor

essence

nafta

station d'essence

estación de servicio

panneau indicateur

señal de tránsito

trafic

tránsito

embouteillage

embotellamiento

parking

estacionamiento

gare

estación de tren

rails

vías

train

tren

tram

tranvía

wagon

vagón

hélicoptère

helicóptero

aéroport

aeropuerto

tour

torre

passager

pasajero

container

contenedor

carton

caja de cartón

chariot

carretilla

corbeille

canasta

décoller / atterrir

despegar / aterrizar

ville

ciudad

village

pueblo

centre-ville

centro de ciudad

maison

casa

cinéma
cine

publicité
publicidad

réverbère
farol

CINEMA

rue
calle

taxi
taxi

kiosque
kiosco

piéton
peatón

trottoir
vereda

passage piéton
paso peatonal

poubelle
contenedor de basura

carrefour
cruce

feux de circulation
semáforo

cabane
cabaña

appartement
departamento

gare
estación de tren

mairie
municipalidad

musée
museo

école
colegio

université

universidad

banque

banco

hôpital

hospital

hôtel

hotel

pharmacie

farmacia

bureau

oficina

librairie

librería

magasin

negocio

fleuriste

florería

supermarché

supermercado

marché

mercado

grand magasin

grandes tiendas

poissonnerie

pescadería

centre commercial

centro comercial

port

puerto

parc

parque

banque

banco

pont

puente

escaliers

escaleras

métro

subte

tunnel

túnel

arrêt de bus

parada del colectivo

bar

bar

restaurant

restaurante

boîte à lettres

buzón

panneau indicateur

letrero

parcomètre

parquímetro

zoo

zoológico

réverbère

pileta

mosquée

mezquita

ferme

granja

pollution

contaminación

cimetière

cementerio

église

iglesia

aire de jeux

juegos infantiles

temple

templo

paysage

paisaje

feuille
hoja

panneau indicateur
poste indicador

chemin
camino

pré
pradera

pierre
piedra

arbre
árbol

randonneur
excursionista

rivière
río

herbe
hierba

fleur
flor

vallée
valle

montagne
montaña

lac
lago

forêt
bosque

désert
desierto

volcan
volcán

château
castillo

arc-en-ciel
arco iris

champignon
champiñón

palmier
palmera

moustique
mosquito

mouche
mosca

fourmis
hormiga

abeille
abeja

araignée
araña

scarabée

escarabajo

grenouille

rana

écureuil

ardilla

hérisson

erizo

lapin

liebre

chouette

lechuza

oiseau

pájaro

cygne

cisne

sanglier

jabalí

cerf

ciervo

élan

alce

barrage

presa

éolienne

aerogenerador

panneau solaire

panel solar

climat

clima

serveur
mozo

menu
menú

chaise
silla

soupe
sopa

pizza
pizza

nappe
mantel

services
cubiertos

hors d'œuvre
entrada

plat principal
plato principal

dessert
postre

boissons
bebidas

alimentation
comida

bouteille
botella

fast-food

comida rápida

plats à emporter

comida callejera

théière

tetera

sucrier

azucarera

portion

porción

machine à expresso

cafetera expreso

chaise haute

sillita alta

facture

cuenta

plateau

bandeja

couteau

cuchillo

fourchette

tenedor

cuillère

cuchara

cuillère à thé

cucharita

serviette

servilleta

verre

vaso

restaurant - restaurante

assiette

plato

assiette à soupe

plato hondo

soucoupe

plato

sauce

salsa

salière

salero

moulin à poivre

molinillo de pimienta

vinaigre

vinagre

huile

aceite

épices

especias

ketchup

kétchup

moutarde

mostaza

mayonnaise

mayonesa

offre promotionnelle
oferta especial

client
cliente

produits laitiers
lácteos

fruits
fruta

caddie
changuito

boucherie
carnicería

boulangerie
panadería

peser
pesar

légumes
verduras

viande
carne

aliments surgelés
alimentos congelados

charcuterie

fiambres

conserves

alimentos enlatados

poudre à lessive

detergente en polvo

bonbons

golosinas

articménagers

electrodomésticos

détergents

productos de limpieza

vendeuse

vendedora

caisse

caja

caissier

cajero

liste d'achats

lista de compras

heures d'ouverture

horario de atención

portefeuille

billetera

carte de crédit

tarjeta de crédito

sac

cartera

sac en plastique

bolsa de plástico

eau

agua

jus de fruit

jugo

lait

leche

coca

bebida cola

vin

vino

bière

cerveza

alcool

alcohol

chocolat chaud

cacao

thé

té

café

café

expresso

café expreso

cappuccino

cappuccino

banane

banana

pomme

manzana

orange

naranja

melon

melón

citron

limón

carotte

zanahoria

ail

ajo

bambou

bambú

oignon

cebolla

champignon

champiñón

noisettes

nueces

pâtes

fideos

spaghettis

tallarines

riz

arroz

salade

ensalada

frites

papas fritas

pommes de terre rôties

papas fritas

pizza

pizza

hamburger

hamburguesa

sandwich

sándwich

escalope

churrasco

jambon

jamón

salami

salame

saucisse

salchicha

poulet

pollo

rôti

asado

poisson

pescado

flocons d'avoine

copos de avena

muesli

muesli

cornflakes

copos de maíz

farine

harina

croissant

medialuna

petits-pains

pancito

pain

pan

pain grillé

tostada

biscuits

galletitas

beurre

manteca

fromage blanc

cuajada

gâteau

torta

œuf

huevo

œuf au plat

huevo frito

fromage

queso

glace

helado

sucre

azúcar

miel

miel

confiture

mermelada

crème nougat

pasta de chocolate

curry

curry

ferme
granja

botte de paille
fardo de paja

grange
granero

champ
campo

cheval
caballo

remorque
remolque

poulain
potrillo

tracteur
tractor

âne
burro

agneau
cordero

mouton
oveja

chèvre

cabra

vache

vaca

veau

ternero

porc

cerdo

porcelet

lechón

taureau

toro

oie

ganso

canard

pato

poussin

pollo

poule

gallina

coq

gallo

rat

rata

chat

gato

souris

ratón

bœuf

buey

chien

perro

chenil

cucha

tuyau de jardin

manguera

arrosoir

regadera

faucheuse

guadaña

charrue

arado

faucille
hoz

pioche
azada

fourche
horquilla

hache
hacha

brouette
carretilla

cuve
abrevadero

pot à lait
lechera

sac
bolsa

clôture
reja

étable
establo

serre
invernadero

sol
suelo

semences
semilla

engrais
fertilizador

moissonneuse-batteuse
cosechadora

récolter

cosechar

récolte

cosecha

igname

batatas

blé

trigo

soja

soja

pomme de terre

papa

maïs

maíz

colza

semilla de colza

arbre fruitier

árbol frutal

manioc

mandioca

céréales

cereales

cheminée
chimenea

toit
techo

gouttière
caño de desagüe

fenêtre
ventana

garage
garaje

sonnette
timbre

porte
puerta

poubelle
tacho de basura

boîte aux lettres
buzón

jardin
jardín

salon
living

chambre de bain
baño

cuisine
cocina

chambre à coucher
dormitorio

chambre d'enfant
cuarto de los chicos

salle à manger
comedor

sol

piso

mur

pared

plafond

cielorraso

cave

sótano

sauna

sauna

balcon

balcón

terrasse

terraza

piscine

pileta

tondeuse à gazon

cortadora de pasto

fourre de duvet

sábana

couette

acolchado

lit

cama

balai

escoba

sceau

balde

interrupteur

interruptor

papier peint
empapelado

image
imagen

lampe
lámpara

étagère
estante

armoire
armario

cheminée
chimenea

télé
televisión

fleur
flor

coussin
almohadón

canapé
sofá

vase
florero

télécommande
control remoto

tapis
alfombra

rideau
cortina

table
mesa

chaise
silla

chaise à bascule
mecedora

fauteuil
sillón

livre

libro

couverture

frazada

décoration

decoración

bois de chauffage

leña

film

película

chaîne hi-fi

equipo de música

clé

llave

journal

diario

peinture

pintura

poster

póster

radio

radio

bloc-notes

cuaderno

aspirateur

aspiradora

cactus

cactus

bougie

vela

four à micro-ondes
microondas

frigo
heladera

balance de cuisine
balanza de cocina

toasteur
tostadora

détergent
detergente

four
horno

compartiment congélateur
freezer

poubelle
tacho de basura

lave-vaisselle
lavaplatos

four
cocina

casserole
olla

marmite
olla de hierro fundido

wok/kadai
wok

poêle
sartén

bouilloire électrique
pava

cuiseur vapeur

vaporera

plaque de cuisson

bandeja de horno

vaisselle

vajilla

gobelet

taza

bol

bol

baguettes

palitos

louche

cucharón

spatule

estpátula

fouet

batidora

passoire

colador

tamis

colador

râpe

rallador

mortier

mortero

barbecue

parrilla

cheminée

fogata

planche à découper

tabla de picar

rouleau à pâtisserie

palo de amasar

tire-bouchon

sacacorchos

boîte

lata

ouvre-boîte

abrelatas

maniques

manopla

lavabo

pileta

brosse

cepillo

éponge

esponja

mixeur

batidora

congélateur

congelador

biberon

mamadera

robinet

canilla

chambre de bain
baño

chauffage
calefacción

douche
ducha

serviette
toalla

rideau de douche
cortina de ducha

bain moussant
baño de espuma

baignoire
bañadera

verre
vaso

machine à laver
lavarropas

robinet
canilla

carrelage
baldosas

pot
pelela

lavabo
pileta

toilettes

inodoro

toilette à turque

letrina

bidet

bidé

urinoir

mingitorio

papier toilette

papel higiénico

brosse à toilette

cepillo para el inodoro

brosse à dents

cepillo de dientes

dentifrice

dentífrico

fil dentaire

hilo dental

laver

lavar

douche manuelle

ducha de mano

douche intime

ducha higiénica

vasque

palangana

brosse dorsale

cepillo para espalda

savon

jabón

gel douche

gel de ducha

shampooing

shampoo

gant de toilette

toallita

écoulement

desagüe

crème

crema

déodorant

desodorante

miroir

espejo

miroir cosmétique

espejito

rasoir

maquinita de afeitar

mousse à raser

espuma de afeitar

après-rasage

aftershave

peigne

peine

brosse

cepillo

sèche-cheveux

secador de pelo

laque pour cheveux

spray

fond de teint

maquillaje

rouge à lèvres

lápiz de labios

vernis à ongles

esmalte para uñas

ouate

algodón

coupe-ongles

tijera para uñas

parfum

perfume

trousse de toilette

portacosméticos

tabouret

banqueta

balance

balanza

peignoir

bata

gants de nettoyage

guantes de goma

tampon

tampón

serviettes hygiéniques

toallita femenina

toilette chimique

baño químico

réveil
despertador

doudou
peluche

voiture jouet
coche de juguete

hochet
sonajero

maison de poupée
casa de muñecas

cadeau
regalo

ballon
globo

lit
cama

poussette
cochecito

jeu de cartes
cartas

puzzle
rompecabezas

bande dessinée
historieta

pièces lego

piezas de lego

blocs de construction

ladrillos de juguete

figurine

figura de acción

grenouillère

enterito (de bebé)

frisbee

frisbee

mobile

móvil para bebés

jeu de société

juego de mesa

dé

dados

train miniature

tren eléctrico

sucette

chupete

fête

fiesta

livre d'images

libro de cuentos ilustrado

balle

pelota

poupée

muñeca

jouer

jugar

bac à sable

arenero

balançoire

hamaca

jouets

juguetes

console de jeu

consola de videojuegos

tricycle

triciclo

ours en peluche

osito de peluche

armoire

armario

vêtements

ropa

chaussettes

medias

bas

medias panty

collant

calzas

écharpe
bufanda

ceinture
cinturón

parapluie
paraguas

t-shirt
remera

bottes
botas

baskets
zapatillas

pantoufles
pantuflas

sandales
sandalias

chaussures
zapatos

bottes de caoutchouc
botas de goma

linge de corps
ropa interior

soutien-gorge
corpiño

maillot de corps
chaleco

body
body

pantalon
pantalones

jean
jeans

jupe
pollera

chemisier
blusa

chemise
camisa

pull
pulóver

pull-over à capuche
buzo

veste
blazer

veste
campera

manteau
tapado

imperméable
piloto

costume
traje

robe
vestido

robe de mariée
vestido de novia

costume

traje

chemise de nuit

camisón

pyjama

pijama

sari

sari

foulard

pañuelo para cabeza

turban

turbante

burqa

burka

caftan

caftán

abaya

abaya

maillot de bain

traje de baño

costume de bain

short de baño

cuissettes

shorts

tenue d'entraînement

jogging

tablier

delantal

gants

guantes

bouton

botón

lunettes

anteojos

bracelet

pulsera

collier

collar

bague

anillo

boucle d'oreille

aro

bonnet

gorra

cintre

percha

chapeau

sombrero

cravate

corbata

fermeture éclair

cierre

casque

casco

bretelles

tiradores

uniforme scolaire

uniforme escolar

uniforme

uniforme

bavoir

babero

sucette

chupete

couche

pañal

bureau

oficina

serveur
servidor

armoire d'archivage
archivero

imprimante
impresora

écran
monitor

papier
papel

bureau
escritorio

souris
mouse

classeur
carpeta

clavier
teclado

corbeille à papier
tacho (de basura)

ordinateur
computadora

chaise
silla

tasse à café

taza de café

calculatrice

calculadora

internet

internet

bureau - oficina

49

ordinateur portable

laptop

lettre

carta

message

mensaje

portable

celular

réseau

red

photocopieuse

fotocopiadora

logiciel

software

téléphone

teléfono

prise

tomacorriente

fax

fax

formulaire

formulario

document

documento

acheter

comprar

payer

pagar

marchander

hacer negocios

monnaie

dinero

 USD

dollar

dólar

 EUR

euro

euro

JPY

yen

yen

RUB

rouble

rublo

CHF

franc suisse

franco suizo

CNY

renminbi yuan

yuan

INR

roupie

rupia

distributeur automatique

cajero automático

bureau de change

casa de cambio

or

oro

argent

plata

pétrole

petróleo

énergie

energía

prix

precio

contrat

contrato

taxe

impuesto

action

acción

travailler

trabajar

employé

empleado

employeur

empleador

usine

fábrica

magasin

negocio

agent de police
policía

pompier
bombero

cuisinier
cocinero

médecin
médico

pilote
piloto

jardinier
jardinero

menuisier
carpintero

couturière
modista

juge
juez

chimiste
farmacéutico

acteur
actor

conducteur de bus

colectivero

chauffeur de taxi

taxista

pêcheur

pescador

femme de ménage

mucama

couvreur

techista

serveur

mozo

chasseur

cazador

peintre

pintor

boulanger

panadero

électricien

electricista

ouvrier

albañil

ingénieur

ingeniero

boucher

carnicero

plombier

plomero

facteur

cartero

soldat

soldado

architecte

arquitecto

caissier

cajero

fleuriste

florista

coiffeur

peluquero

contrôleur

cobrador

mécanicien

mecánico

capitaine

capitán

dentiste

dentista

scientifique

científico

rabbin

rabino

imam

imán

moine

monje

prêtre

sacerdote

marteau
martillo

pinces
tenaza

tournevis
destornillador

clé
llave

torche
linterna

pelleteuse

excavadora

boîte à outils

caja de herramientas

échelle

escalera portátil

scie

sierra

clous

clavos

perceuse

taladro

réparer

arreglar

pelle

pala de jardín

Mince!

¡Qué bronca!

pelle

pala de plástico

pot de peinture

tacho de pintura

vis

tornillos

instruments de musique
instrumentos musicales

haut-parleur
parlante

batterie
batería

contrebasse
contrabajo

trompette
trompeta

guitare
guitarra

piano

piano

violon

violín

basse

bajo

timbales

timbales

tambour

tambor

piano électrique

teclado

saxophone

saxofón

flûte

flauta

microphone

micrófono

entrée
entrada

tigre
tigre

cage
jaula

zèbre
cebra

alimentation animale
alimento para animales

panda
oso panda

animaux
animales

éléphant
elefante

kangourou
canguro

rhinocéros
rinoceronte

gorille
gorila

ours
oso

chameau

camello

autruche

avestruz

lion

león

singe

mono

flamand rose

flamenco

perroquet

loro

ours polaire

oso polar

pingouin

pingüino

requin

tiburón

paon

pavo real

serpent

serpiente

crocodile

cocodrilo

gardien de zoo

cuidador del zoológico

phoque

foca

jaguar

jaguar

poney

poni

léopard

leopardo

hippopotame

hipopótamo

girafe

jirafa

aigle

águila

sanglier

jabalí

poisson

pescado

tortue

tortuga

morse

morsa

renard

zorro

gazelle

gacela

zoo - zoológico

sports

deportes

american Football
fútbol americano

cyclisme
ciclismo

tennis
tenis

basket-ball
básquet

natation
natación

hockey sur glace
hockey sobre hielo

boxe
boxeo

football
fútbol

badminton
bádminton

athlétisme
atletismo

handball
handball

ski
esquí

polo
polo

sauter
saltar

embrasser
abrazar

rire
reír

marcher
caminar

chanter
cantar

prier
rezar

faire la bise
besar

rêver
soñar

écrire
escribir

dessiner
dibujar

montrer
mostrar

pousser
presionar

donner
dar

prendre
tomar

avoir

tener

faire

hacer

être

ser

être debout

estar parado

courir

correr

trier

tirar

jeter

tirar

tomber

caer

être couché

estar acostado

attendre

esperar

porter

llevar

être assis

estar sentado

s'habiller

vestirse

dormir

dormir

se réveiller

despertar

regarder
mirar

pleurer
llorar

caresser
acariciar

peigner
peinar

parler
hablar

comprendre
entender

demander
preguntar

écouter
escuchar

boire
beber

manger
comer

ranger
ordenar

aimer
amar

cuire
cocinar

conduire
manejar

voler
volar

activités - actividades   65

faire de la voile

navegar

calculer

calcular

lire

leer

apprendre

aprender

travailler

trabajar

se marier

casarse

coudre

coser

se brosser les dents

cepillarse los dientes

tuer

matar

fumer

fumar

envoyer

enviar

grand-mère
abuela

grand-père
abuelo

père
padre

mère
madre

bébé
bebé

fille
hija

fils
hijo

hôte

invitado

tante

tía

oncle

tío

frère

hermano

sœur

hermana

front
frente

œil
ojo

épaule
hombro

doigt
dedo

visage
cara

menton
pera

main
mano

poitrine
pecho

jambe
pierna

bras
brazo

bébé
bebé

homme
hombre

femme
mujer

fille
nena

garçon
nene

tête
cabeza

dos

espalda

ventre

panza

nombril

ombligo

orteil

dedo del pie

talon

talón

os

hueso

hanche

cadera

genou

rodilla

coude

codo

nez

nariz

fesses

cola

peau

piel

joue

cachete

oreille

oreja

lèvre

labio

bouche

boca

dent

diente

langue

lengua

cerveau

cerebro

cœur

corazón

muscle

músculo

poumons

pulmón

foie

hígado

estomac

estómago

reins

riñones

rapport sexuel

sexo

préservatif

preservativo

ovule

óvulo

sperme

semen

grossesse

embarazo

menstruation

menstruación

vagin

vagina

pénis

pene

sourcil

ceja

cheveux

pelo

cou

cuello

hôpital
hospital

hôpital
hospital

ambulance
ambulancia

fauteuil roulant
silla de ruedas

fracture
fractura

médecin
médico

service des urgences
sala de guardia

infirmière
enfermera

urgence
emergencia

inconscient
inconsciente

douleur
dolor

blessure

lesión

hémorragie

hemorragia

crise cardiaque

infarto

attaque cérébrale

ACV

allergie

alergia

toux

tos

fièvre

fiebre

grippe

gripe

diarrhée

diarrea

mal de tête

dolor de cabeza

cancer

cáncer

diabète

diabetes

chirurgien

cirujano

scalpel

bisturí

opération

operación

CT

TC

radiographie

rayos x

échographie

ecografía

masque

barbijo

maladie

enfermedad

salle d'attente

sala de espera

béquille

muleta

pansement

curita

pansement

venda

injection

inyección

stéthoscope

estetoscopio

brancard

camilla

thermomètre

termómetro

accouchement

nacimiento

surpoids

sobrepeso

appareil auditif

audífono

désinfectant

desinfectante

infection

infección

virus

virus

VIH / sida

VIH / SIDA

médicament

remedio

vaccination

vacunación

tablettes

comprimidos

pilule

pastilla anticonceptiva

appel d'urgence

llamada de emergencia

tensiomètre

tensiómetro

malade / sain

enfermo / sano

Au secours!

¡Ayuda!

alarme

alarma

agression

agresión

attaque

ataque

danger

peligro

sortie de secours

salida de emergencia

Au feu!

¡Fuego!

extincteur

matafuego

accident

accidente

trousse de premier secours

botiquín de primeros
auxilios

SOS

SOS

police

policía

Europe

Europa

Amérique du Nord

América del Norte

Amérique du Sud

América del Sur

Afrique

África

Asie

Asia

Australie

Australia

Océan atlantique

Atlántico

Océan pacifique

Pacífico

Océan indien

Océano Índico

Océan antarctique

Océano Antártico

Océan arctique

Océano Ártico

Pônord

polo norte

Pôsud

polo sur

Antarctique

Antártida

terre

Tierra

pays

tierra

mer

mar

île

isla

nation

nación

état

estado

terre - Tierra

cadran

esfera

aiguille des heures

manecilla de las horas

aiguille des minutes

minutero

aiguille des secondes

segundero

Quelle heure est-il?

¿Qué hora es?

jour

día

temps

hora

maintenant

ahora

montre digitale

reloj digital

minute

minuto

heure

hora

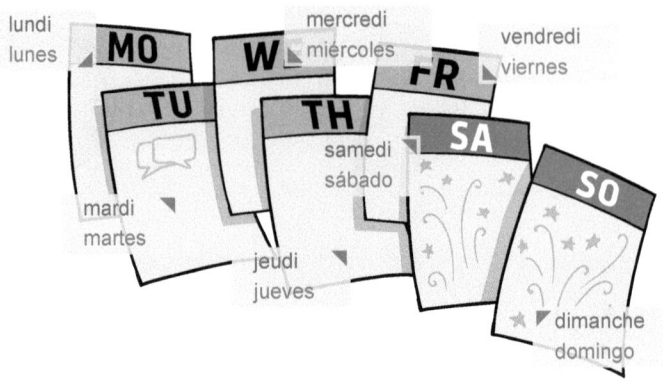

lundi / lunes
mercredi / miércoles
vendredi / viernes
mardi / martes
jeudi / jueves
samedi / sábado
dimanche / domingo

hier
ayer

aujourd'hui
hoy

demain
mañana

matin
mañana

midi
mediodía

soir
tarde

jours ouvrables
días hábiles

week-end
fin de semana

pluie
lluvia

arc-en-ciel
arco iris

neige
nieve

vent
viento

printemps
primavera

automne
otoño

été
verano

hiver
invierno

météo
pronóstico meteorológico

thermomètre
termómetro

lumière du soleil
luz del sol

nuage
nube

brouillard
niebla

humidité
humedad

foudre

rayo

tonnerre

trueno

tempête

tormenta

grêle

granizo

mousson

monzón

inondation

inundación

glace

hielo

janvier

enero

février

febrero

mars

marzo

avril

abril

mai

mayo

juin

junio

juillet

julio

août

agosto

année - año

septembre

septiembre

octobre

octubre

novembre

noviembre

décembre

diciembre

formes
formas

cercle

círculo

carré

cuadrado

rectangle

rectángulo

triangle

triángulo

sphère

esfera

cube

cubo

couleurs
colores

blanc

blanco

jaune

amarillo

orange

naranja

rose

rosa

rouge

rojo

violet

violeta

bleu

azul

vert

verde

marron

marrón

gris

gris

noir

negro

beaucoup / peu

mucho / poco

fâché / calme

enojado / tranquilo

joli / laid

lindo / feo

début / fin

principio / fin

grand / petit

grande / chico

clair / obscure

claro / oscuro

frère / sœur

hermano / hermana

propre / sale

limpio / sucio

complet / incomplet

completo / incompleto

jour / nuit

día / noche

mort / vivant

muerto / vivo

large / étroit

ancho / angosto

comestible / incomestible

comestible / no comestible

méchant / gentil

malo / amable

excité / ennuyé

entusiasmado / aburrido

gros / mince

gordo / flaco

premier / dernier

primero / último

ami / ennemi

amigo / enemigo

plein / vide

lleno / vacío

dur / souple

duro / blando

lourd / léger

pesado / liviano

faim / soif

hambre / sed

malade / sain

enfermo / sano

illégal / légal

ilegal / legal

intelligent / stupide

inteligente / estúpido

gauche / droite

izquierda / derecha

proche / loin

cerca / lejos

nouveau / usé

nuevo / usado

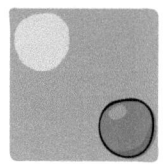

rien / quelque chose

nada / algo

vieux / jeune

viejo / joven

marche / arrêt

encendido / apagado

ouvert / fermé

abierto / cerrado

faible / fort

silencioso / ruidoso

riche / pauvre

rico / pobre

correct / incorrect

correcto / incorrecto

rugueux / lisse

áspero / suave

triste / heureux

triste / contento

court / long

corto / largo

lent / rapide

lento / rápido

mouillé / sec

mojado / seco

chaud / froid

caliente / frío

guerre / paix

guerra / paz

nombres
números

0
zéro
cero

1
un
uno

2
deux
dos

3
trois
tres

4
quatre
cuatro

5
cinq
cinco

6
six
seis

7
sept
siete

8
huit
ocho

9
neuf
nueve

10
dix
diez

11
onze
once

12

douze

doce

13

treize

trece

14

quatorze

catorce

15

quinze

quince

16

seize

dieciséis

17

dix-sept

diecisiete

18

dix-huit

dieciocho

19

dix-neuf

diecinueve

20

vingt

veinte

100

cent

cien

1.000

mille

mil

1.000.000

million

millón

anglais

inglés

anglais américain

inglés americano

chinois mandarin

chino mandarín

hindi

hindi

espagnol

español

français

francés

arabe

árabe

russe

ruso

portugais

portugués

bengali

bengalí

allemand

alemán

japonais

japonés

je

yo

tu

vos

il / elle

él / ella

nous

nosotros

vous

ustedes

ils / elles

ellos

qui?

¿quién?

quoi?

¿qué?

comment?

¿cómo?

où?

¿dónde?

quand?

¿cuándo?

nom

nombre

derrière

detrás

dans

en

devant

adelante de

au-dessus

por encima de

sur

sobre

en-dessous

debajo de

à côté de

al lado de

entre

entre

lieu

lugar